JN029664

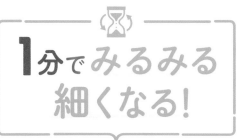

1分でみるみる細くなる!

激やせ ストレッチ

Body Science代表

中川裕喜

KADOKAWA

「ムダなお肉がついて
トレーニングしても落ちない」
そんな方におすすめなのが、
筋肉を伸ばしたり縮めたりするだけの
激やせストレッチです。

激やせストレッチの考案者
中川裕喜

2

「バレエ」の動きを
取り入れていますが、
こんなことができなくても

激やせ

できるんです。

なぜなら…

簡単ストレッチで激やせできる理由とは…?

激やせできる理由

3

ノルマはいっさいなし!
1分でも効果があり、
無理なく行えて
長続きする
プログラムだから。

激やせできる理由

1

かたまったり、
さぼったりしている筋肉を
引き伸ばすことで、
代謝が高まって
やせやすい体になるから。

激やせできる理由

4

ストレッチによって
姿勢が
"やせポジ"になると、
日常生活の動作だけで
体が引き締まるから。

※やせポジ…P.18参照

激やせできる理由

2

気になるポイントに
アプローチして
その部分を
効果的にしぼる
ストレッチだから。

バレエとストレッチと
ダイエットを融合！
YouTubeで50万人以上が実践し、喜びの声続々!!

もちもちもちこ さん

内ももや骨盤を動かすストレッチをメインに、10日間毎日25分行ったところ、お尻の位置が2cmアップ。内股も解消され、歩く足先もまっすぐになり、お尻の位置が上がったことで足が細く見えるように。

suchell＠オランダ さん

動画の「カエル足の立ち腹筋【HIITバージョン】」というストレッチを2週間実践。なんとウエストが3cmマイナスに！ 腰痛も解消され、今では毎晩のルーティンになっています。

Marsan_Ruska さん

単体ストレッチと、プログラムストレッチを組み合わせ、3週間でウエストが4.7cmマイナス、下腹が3cmマイナスになりました。その後も続け、2ヶ月半で体重は4kg減りました！

みやんか さん

複数のストレッチを朝、晩継続しています。開始から1ヶ月でウエストが5cmマイナス、4ヶ月で太ももが2cmマイナスに！ 周囲から体型だけでなく、姿勢がよくなったといわれ、心も改善されました。

イシマキ さん

腰まわりを重点的にストレッチしたところ、ウエストは5cmマイナス、体重も2.5kg落ちました。さらに太ももにすき間ができ、ヒップアップも！ 職場の人に「やせた!?」といわれてめちゃうれしかったです。

YouTube体験者の「Before／After」は
P.8〜11で紹介しています！

バレエストレッチなら　細くしなやかな筋肉に

何より人生をともにするパートナーである「体」に気づきを持つことが大切です。多くの人は毎日忙しくて自分の体と向き合う時間もありません。おなかに脂肪がついた、脚が太くなった、疲れが取れない、肩がこる、腰が痛いなど、日々体が送っているサインに気づくことができれば、太る前に対処ができ、仮に太ってから気づいてもすぐにベストな状態に戻せます。

そのときに大切なのが自分の体と会話をすること。「昨日より体重が100g減った」「ウエストが1㎜細くなった」と喜びを感じてください。他人と自分を比べるのはまったく意味がありません。

私が紹介するストレッチは、クラシックバレエの動きがベースです。実は、筋肉は縮めるより伸ばすほうがエネルギーを消費するんです。スクワットをはじめとする筋トレの多くは、筋肉を縮める運動で、縮んだ筋肉を伸ばしながら運動するので効率的にエネルギーを消費でき、さらにしなやかなボディラインを作れるんです。

モリモリとした筋肉をつけたい人には不向きかもしれませんが、バレリーナやモデルのように細くしなやかな筋肉で、メリハリのあるボディラインを目指したい人には最適なストレッチなんです。

"やせポジ"が身につけば激やせスイッチがオン！

全身の筋肉がバランスよく使えている姿勢（ポジション）になれば、やせやすい体質になります。私はこれを"やせポジ"と呼んでいます。

日中、背中を丸めてパソコンやスマホをしていれば猫背になります。背中が丸まると体の前面の筋肉が縮み、その対になる筋肉がたるんでしまうんです。腰まわり、二の腕、お尻もその傾向にあります。

本書では部位ごとのストレッチでそれぞれ"やせポジ"を紹介していますが、筋肉バランスが整った状態で日常生活を送っておけば、脂肪がついて筋肉がたるむことはないのです。

ずっと続けられて自分の体が好きになる

激やせを実現するには、メンタルが9割です。私は10代のころバスケットボール部に所属しており、靭帯を断裂し、ちゃんとリハビリをせずに運動を続けていました。そのため何度も再発し、痛みをかばう姿勢になって腰痛もともないました。このとき体は日常生活で作られており、例えば1ケガや痛みのないのは当たり前のことでは

Yuki Nakagawa
中川裕喜

ないと気づき、健康の大切さを痛感したの
です。

また社会人になるとストレスから「失声
症」になりました。フィットネスクラブで
インストラクターをしていましたが、この
病気を隠して行うことができず、その後も
職に就くのが困難になりました。

そのときに出会ったのがYouTube

です。最初のころは声のコンプレックス
もあり、動画を確認することも苦痛でした
が、健康の大切さを伝えたいという思いか
ら現在も続けられています。

多くの人は自分の体にコンプレックスを
持っています。そのために必要なのが心の
コントロール。**ストレッチは体にアプローチ
するだけでなく、心の安定ももたらします。**

定期的にストレッチすることで体の変化
に気づき、それが喜びとなり、前向きな気
持ちになります。もちろん継続がストレス
になるようなものはおすすめしません。**長
く続けるには無理な制限を設けずに、自分
のペースで喜びを感じながら取り組むこ
と。**これからそんなストレッチを紹介して
いきます。

Before / After

太もも激変！

ねこさん

―― Challenger 1 太もも激やせ ――

悩み 運動をしても細くならず、むしろたくましくなっていました。

ストレッチ
・太もも伸ばし－P.28
・ウエストひねり－P.74
・フレックス＆ポイント－P.92

感想 1週間、毎日、1時間、筋肉を伸ばすストレッチを中心に行いました。4日目には太ももにすき間ができて、さらにやる気がUPしました！

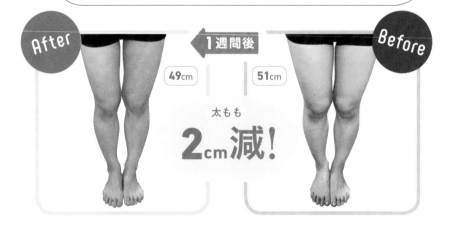

After ← 1週間後 Before

49cm　51cm

太もも

2cm減！

太ももの縮こまった筋肉を伸ばしたうえで、
内側の筋肉を動かしたプロセスが正解！
ふくらはぎや腰まわりなど
太もも周辺へのアプローチで効果UPに。
朝ストレッチが日課になったようです！

下腹激変！ Before/After

Challenger 2 下腹激やせ

悩み　おなかの脂肪ががっつりつき、総ゴムのパンツしか履けなくなっていました。

sachiさん

ストレッチ
- 股関節ストレッチ－P.32
- デッドバグ－P.62
- ニーリングヒップヒンジ－P.104

感想　半年間、週4日、1回20分、休息日もありのストレッチなので継続できました。体重と体脂肪率がダウンし、おなかまわりは人生初のスッキリ感を実現！

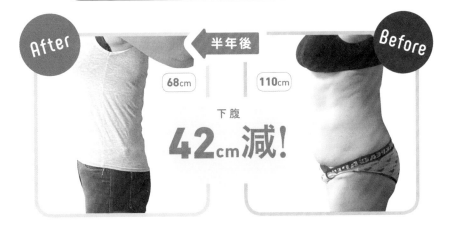

After　半年後　68cm　110cm　Before

下腹
42cm減！

股関節の動きを広げ、縮んだ筋肉を伸ばし、
そこからおなかを鍛える手順がGOOD！
関節や筋肉の構造を理解したから
効率よく行えたと思います。
休息をちゃんととっているのもすばらしい！

腰まわり
激変！

Before / After

minaさん

── Challenger **3** 腰まわり激やせ ──

悩み 寸胴体型にずっと悩むが、筋力が弱く
腹筋運動もできず、諦めていました。

ストレッチ
・胸とわき腹ストレッチ－P.36
・ウエストひねり－P.74
・ニーリングヒップヒンジ－P.104

感想 1週間、朝1時間、おなか、腰、お尻、背中、二の腕すべて筋
肉を伸ばすストレッチを中心に実行。体重は0.5kg減な
のにサイズダウンがすごくて驚きました。

After

1週間後

Before

ウエスト

4cm 減！

66cm

70cm

縮こまった胸を開くことで、
上半身の筋力がバランスよく使えるように！
脂肪を燃やし、ほどよく筋力をつけたことが、
スレンダーな体型を導いたのでしょう。
ヒップアップにもなっていますね！

背中激変！ Before / After

Challenger **4** 背中激やせ

| 悩 み | 後ろ姿の写真を見たとき、背中のぜい肉にショックを受けました。 |

わたあめさん

| ストレッチ | ・肩甲骨ストレッチ－P.38
・タオルストレッチ－P.80
・スイミング－P.118 |

| 感 想 | 原因を理解し、姿勢を正すこと、特に肩甲骨の動きを重点的に行いました。2ヶ月、時間が空いたら5分ほど行うペースだったので苦に感じませんでした。 |

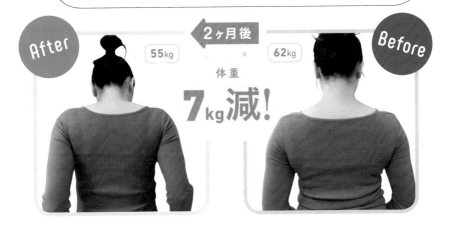

After　55kg　2ヶ月後　62kg　Before

体重
7kg減！

肩甲骨は背中や二の腕に関与します。
それに連動してウエスト、さらに腹筋、
というふうに全身の激やせが実現。
空いた時間に行うスタイルもGOOD！
肩や首のこりも解消されたそうです。

激やせ ストレッチ

CONTENTS

マイペースで
"激やせ"
しましょう！

"激やせ"実現のための本書の活用法

激やせストレッチは、筋肉をベストな状態にしてから、気になる部位の
ストレッチをしていく手順で、効果的に筋肉を刺激します。
無理なく継続するために、記載内容それぞれの役割についても
理解しておいてください。

まずは PART0 のウォーム
アップのストレッチから始
めてください。これだけで
も効果を得られますよ！

(激やせストレッチの手順)

PART 0 やせ体質になる

PART 4
二の腕
激やせ

PART 3
腰まわり
激やせ

PART 2
下腹
激やせ

PART 1
太もも
激やせ

PART 7
背中
激やせ

PART 6
お尻
激やせ

PART 5
ふくらはぎ
激やせ

気になる部位のストレッチ
を実践しましょう。体の部
位は連動しているので複数
行うと効果的ですが、無理
はしないように！

部位のストレッチが終了したら、PART0 のウォームアップを
クールダウンとして行ってくださいね。

注意

ストレッチ効果、また効果が現れるタイミングには個人差があります。
体調不良時に行うことはおすすめしません。
体に痛みがある場合は、専門の医師の助言を受けたうえで行ってください。

（ ストレッチページの見方 ）

ストレッチの体の動かし方

step 2 — 交互 計20回

ひざを左右交互に、床に近づける→上げる、という動作を繰り返す。

ストレッチの体の動かし方をナビゲート。回数や時間は目安とし、自分のペースで加減して OK。

ストレッチによってアプローチされている部分。この部分を意識するとより効果的。

NG

姿勢や、やり方で間違えがちな例を解説。ストレッチ効果が得られないので注意すること。

POINT ADVICE +α

ストレッチの発展型やアレンジを紹介。ステップアップとして活用するのもよい。

OPTION POSE

筋力がない、関節の可動域が狭い、という人は、ここで紹介するストレッチから行うとよい。

動画も \check!/

紹介しているストレッチの動画サイトも参考にしよう。章ごとの動画で流れを確認できる。

"やせポジ"を手に入れる

P.20-23

"やせ体質になる"やせポジ"診断&ウォームアップ

日常生活で姿勢が乱れていると、骨格が崩れて筋肉の一部が縮こまります。すると相反神経抑制という作用が働き、周辺や反対側の筋肉がゆるんで、太る原因に。それとは対照的なのが"やせポジ"で、つまりやせ体質です。姿勢の改善とストレッチで"やせポジ"を導きます。

こんな人は要チェック！

- ☑ 体がかたく、腰やひざに痛みがある。
- ☑ 左右で筋肉のつき方や、やわらかさが違う。
- ☑ 運動をしているのにやせない。
- ☑ 運動したら逆に筋肉がゴツくなる。
- ☑ やせてもすぐにリバウンドする。

日常生活の**姿勢を見直して**
自分の**体のクセを知る**ことから。
"**やせポジ**"じゃないと
トレーニングしても**効果なし**です！

ウォームアップで
"やせポジ"の体に

P.24-39

縮こまった筋肉があると、ゆるんだ筋肉は刺激を得られません。また、縮こまった筋肉ばかりを使うことになり、さらにバランスの悪い体に。まずは縮こまった筋肉を伸ばし、そのうえでゆるんだ筋肉を縮めるストレッチを行います。これだけでも"激やせ"効果を得られます。

激やせストレッチは胸式呼吸で行う

腹式
呼吸

胸式
呼吸

おなかをへこませたまま胸をふくらます胸式呼吸は、下腹激やせの効果大。胸が開くので、猫背や巻き肩の解消にもなる。

各部位への効果はもちろん、
全身の筋肉バランスを整えます。
ウォームアップをマスターすれば
激やせの半分は達成ですよ!

体の
ラインチェック

鏡の前に立ち、姿勢がまっすぐになっているかを
確認しよう。

○ GOOD "やせポジ"

耳、肩、骨盤、くるぶしをつないだ線がまっす
ぐになっているのが正しい姿勢。筋肉の伸び縮
みのバランスが整っている。鎖骨は 0 〜 20 度、
骨盤は横一直線になっているとよい。

✕ BAD

腰が反っておなかが突き出
た姿勢や、猫背になっている
姿勢は、縮んだ筋肉と、ゆ
るんだ筋肉の差が激しい。

BAD ▶ Shock!

下腹がぽっこり、
脚が太く
なりやすい

腰まわりや
背中、お尻が
たるみやすい

筋トレしても
やせたい部分に
筋肉がついてしまう

歩き方の
チェック

歩行時、踏み出すほうの足と、けり出すほうの
足のどちらを意識しているだろうか。

⭕ GOOD "やせポジ"

踏み出す足より、後ろにけり出すほうの足を
意識している。腕はひじを伸ばした状態で
振っている。

❌ BAD

踏み出す足とかかとの着地
を意識しすぎ。腕はひじを
曲げた状態で振っている。

BAD ▶ Shock!

1

ふくらはぎや
太ももが
太くなりやすい

2

お尻、おなかが
ゆるんで
たれ下がりやすい

3

二の腕がたるみ
腕が太くなり
背中がゆるみやすい

足首の
曲げチェック

床に座って脚を伸ばし、足首の曲げ伸ばし
の動作をし、指の動きを確認しよう。

● GOOD "やせポジ"　　　**✕ BAD**

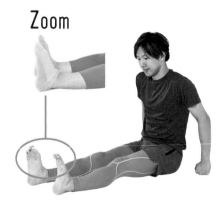

足首を曲げたとき、指は伸びた状態で
動いていない。曲げ伸ばしの可動域が
広いとなおよい。

足首を曲げるとき、指も一緒に体側に
曲がってしまう。曲げ伸ばしとも動き
がスムーズでない。

BAD ▶ Shock!

ふくらはぎが
たるんで
むくみやすい

ふくらはぎが
かたくなり
足首が太くなる

足裏や
ふくらはぎが
頻繁につる

内股・ガニ股チェック

仰向けになって脚を伸ばしたとき、ひざが内側と外側のどちらに向いているか確認しよう。

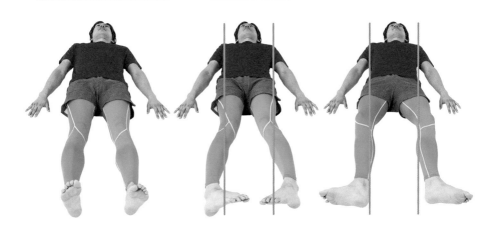

⭕ GOOD "やせポジ"

脱力してひざとつま先が真上を向いている状態が、正しい姿勢。

❌ BAD 内股

ひざが内側に入っている。X脚。ひざに負担がかかり、太ももを使いがち。股関節の可動域が狭い。

❌ BAD ガニ股

ひざが外側に開いている。お尻が縮こまった状態で、坐骨神経痛の人も多い。内ももが使われにくい。

BAD Shock!

1
脚の筋力に頼り筋肉がついて太くなりやすい

2
内股、ガニ股ともお尻が使われないためたれ下がりやすい

3
内股かガニ股かを理解していないとストレッチが逆効果に

足首ストレッチ

step 1 − 20回

足の親指だけを床につけたり、離したりする動作を繰り返す。

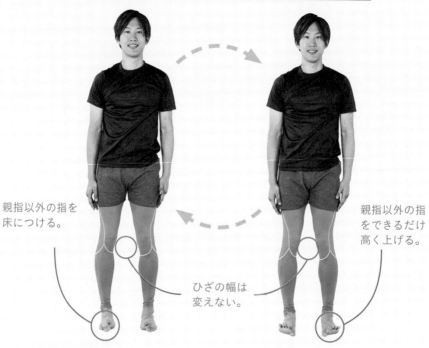

親指以外の指を
床につける。

ひざの幅は
変えない。

親指以外の指
をできるだけ
高く上げる。

＋α

立って行うのが難し
いときは、ボールを
脚で挟んで、ボール
が落ちないように指
を動かす。

Check

親指と小指以外
の指を上げ、足
指の柔軟性を
チェック！

動画も
\ check! /

全身を支える足首がかたまっていると、ふくらはぎや太ももの筋肉に負担がかかり、上半身にまで連動します。足首をほぐせば、筋肉バランスが整います。

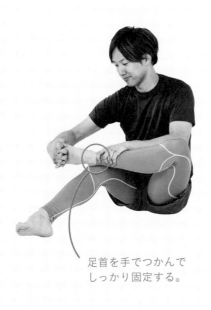

step2 — 左右各20回

手の指と足の指を組み、足首を伸ばしたり、反らせたりする。反対側も同様に。

足首を手でつかんでしっかり固定する。

イスに座ったり壁にもたれたりしてもいいですよ！

大きく円を描くように。

step3 — 外内・左右各10回

手の指と足の指を組み、足首を外と内にゆっくり回す。反対側も同様に。

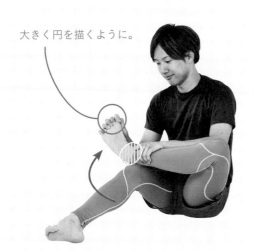

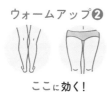

ここに効く!

ふくらはぎ
ストレッチ

step 1 ― 左右 各20~30秒

壁に両手をつけて片足を踏み出し、もう一方の脚のアキレス腱を伸ばす。反対側も同様に。

伸びていることを意識する。

ひざは曲げても
OK。

+α

余裕があれば両手で足を持ち、ふくらはぎをさらに伸ばす。

step 2 ― 左右 各20~30秒

仰向けになり、片方の足の裏にタオルをかけて両手で持ち、胸に引き寄せる。反対側も同様に。

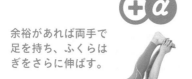

反動をつけて
伸ばしてもOk!

足を押し上げるようにする。

「第二の心臓」とも呼ばれるふくらはぎは、筋肉が縮んでかたまりやすく、太くなったりむくんだりしがち。美脚にするには、まず筋肉を伸ばすことが大切です。

step 3 — 左右 各20〜30秒

片ひざを立てて座り、両手を床につけ、上体を前に倒す。反対側も同様に。

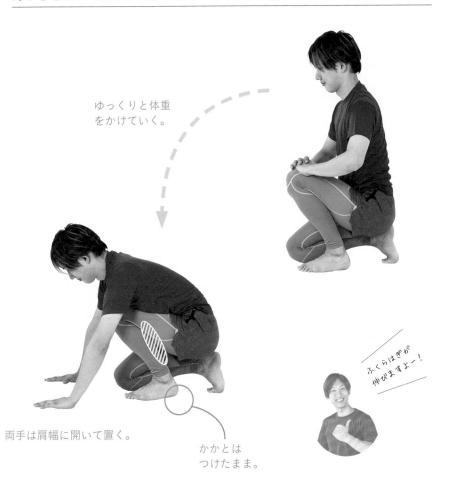

ゆっくりと体重をかけていく。

両手は肩幅に開いて置く。

かかとはつけたまま。

ふくらはぎが伸びますよー！

太ももストレッチ

step 1 — 左右 各20~30秒

うつ伏せになり、片足を持ってかかとをお尻に引き寄せる。反対側も同様に。

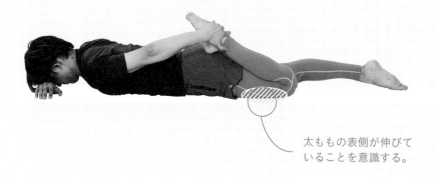

太ももの表側が伸びていることを意識する。

step 2 — 左右 各20~30秒

背筋を伸ばす。

片ひざを立て、もう片方のひざの下にタオルを敷き、足の甲を壁につける。反対側も同様に。

難しい場合は
ひざの位置を前方に
ずらしてもOk！

太ももの裏側が縮むとお尻がたれたり、肉が横にはみ出したり、お尻太りの原因になります。この部分をストレッチすると、太ももやせとヒップアップの効果があります。

step 3 — 左右 各20~30秒

ひざを胸に引き寄せ、上体を倒しながら太ももの裏側を伸ばす。
反対側も同様に。

ひざを伸ばしてさらに
上体を倒していく。

難しい場合は、
ここで終了してもOK！

＋α

両手でつま先をつかんで上体
を倒すと、さらに伸びる。

両手を前方に置いてさ
らに伸ばしていく。

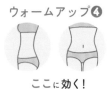

ここに効く!

みぞおちほぐし

step 1 — 20~30秒

両手でみぞおち付近を触り、親指以外の指を 1cmほど押し込んでほぐす。

Zoom

ぐりぐりと、指で回
すようにほぐす。

Zoom

猫背や巻き肩の姿勢の人は、みぞおち周辺の筋肉が縮こまっています。この部分をほぐすとストレッチ効果が高まり、おなかまわりだけでなく、全身の激やせにつながります。

step 2 — 20秒

あばら骨の下に親指以外の指を1cmほど押し込んでほぐす。

Zoom

指をあばら骨の形に沿わせるようにしてほぐす。

step 3 — 20〜30秒

うつ伏せになり、両手をついて上体を反らす。

両足は肩幅に開く。

Step 1、2で
ほぐした部分を
伸ばすイメージで!

ここに効く！

股関節ストレッチ

step 1

床に座り、両ひざを外側と内側に倒し、ガニ股・内股のどちらのタイプかチェックする。写真のように、両ひざとも45度ぐらいに倒れるのが正常な状態。

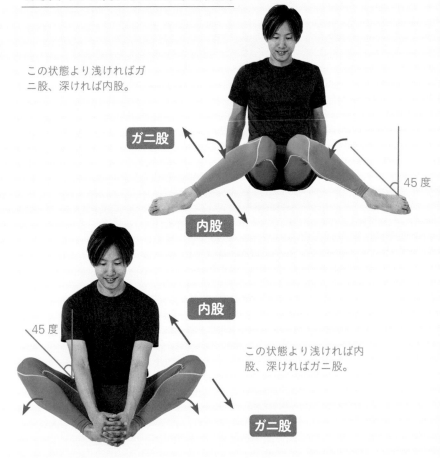

この状態より浅ければガニ股、深ければ内股。

ガニ股

内股

45 度

内股

45 度

この状態より浅ければ内股、深ければガニ股。

ガニ股

32

股関節を使うと動きがスムーズ。ここがかたまっていると一部分の筋肉に負荷がかかり、おなかまわりが太くなる要因に。まずは股関節の可動域を広げましょう。

step 2 内股の人 ― 30回

床に座り、足の裏を合わせて両手で持ち、ひざを床に近づける→元に戻す、という動作を繰り返す。

上体を倒しながらひざを床に近づける。

内股の人は外に開くストレッチを！

step 2 ガニ股の人 ― 左右各30回

片ひざを立てて座り、もう片方の足裏を外側にしてひざを内側に倒していく。反対側も同様に。

立てたほうのひざも倒す。

ガニ股の人は内に倒すストレッチを！

ここに効く！

二の腕ストレッチ

step 2 — 左右 各20~30秒

前に出しているひざを曲げ、二の腕の伸びを深める。反対側も同様に。

step 1

壁の横に立ち、片手を壁につけて足を踏み出し、上体を壁とは反対側に開いていく。

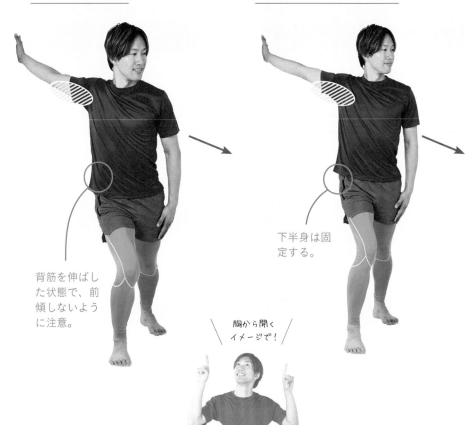

背筋を伸ばした状態で、前傾しないように注意。

下半身は固定する。

胸から開くイメージで！

34

日常生活の動作では腕の内側(力こぶ)を使いがちです。二の腕を細くするには、まずこの部分と、胸の筋肉を伸ばしておく必要があります。

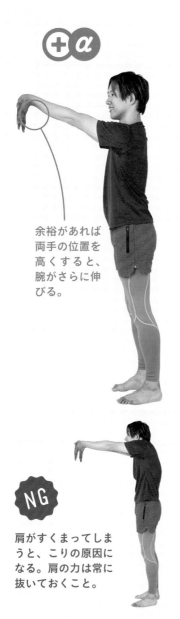

+α

余裕があれば両手の位置を高くすると、腕がさらに伸びる。

NG

肩がすくまってしまうと、こりの原因になる。肩の力は常に抜いておくこと。

step 3

20~30秒

壁の正面に立ち、指を下向きにして両手を壁につき、腕全体を伸ばす。

手は肩の位置より下げないこと。

ウォームアップ**7**

ここに効く！

胸とわき腹 ストレッチ

step **1** — 左右 各**20~30**秒

両足を肩幅よりも大きく開き、片手を上げて真横に倒す。

反対側も同様に。

ひじはしっか
り伸ばす。

姿勢が崩れない
ところまで伸ば
していく。

気持ちのいいところ
まででOk！

NG

背中が丸まっていたり、前
傾になっていたりすると、
わき腹が伸びにくくなる。

動画も
\ check! /

胸からわき腹にかけては筋肉バランスが崩れがちです。腕や背中を活用するために、この部分をしっかり伸ばすことから始めましょう。

step 2 — 左右 各20~30秒

壁の横に立ち、ひじから手先までを壁につける。片足を前に踏み込み、
胸から壁とは反対側に開いて二の腕を伸ばす。反対側も同様に。

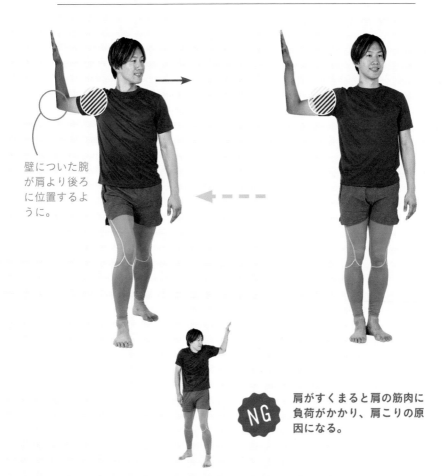

壁についた腕が肩より後ろに位置するように。

NG 肩がすくまると肩の筋肉に負荷がかかり、肩こりの原因になる。

ここに効く！

肩甲骨ストレッチ

step 1

イスに座り、両手を上げる。

力を抜いて
リラックス〜！

両脚のひざとつま先同士を
くっつける。

NG

肩をすくめてストレッチをすると、
肩の筋肉がかたまってしまうので、
肩の力は常に抜いておくこと。

動画も
\ check! /

日常動作では肩甲骨が開いたままの状態が多く、背中の筋肉を有効に使えていません。腕や腰に負担をかけないためにも、肩甲骨の可動域を広げましょう。

step 2 — 交互 計30回

ひじを曲げ、背中側に引くようにして肩甲骨を閉じる。
step1 に戻って繰り返す。

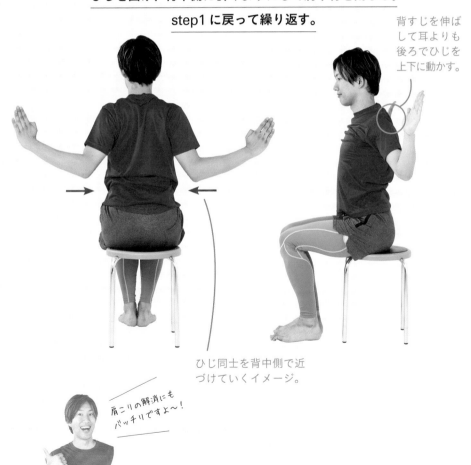

背すじを伸ばして耳よりも後ろでひじを上下に動かす。

ひじ同士を背中側に近づけていくイメージ。

肩こりの解消にもバッチリですよ〜!

太もも激やせストレッチ

やせポジCHECK

- ☑ 片方の足に体重をかけるクセがある。

- ☑ 脚を組んで座る、ひざを崩してお姉さん座りをする。

- ☑ 常に腰が反った状態である。

- ☑ 内股、もしくはガニ股である。

- ☑ 歩くときに足を踏み出してかかとから着地している。

1つでも心当たりがあると…

あらゆる動作で太ももの一部分に

負荷がかかる状態

になっています。これでは

筋肉モリモリの脚

ができちゃいます。

＼ 目指せ！ ／

やせポジSTYLE

スリムな
パンツスタイルの
コーディネートを
楽しみたい！

次ページの体のメカニズムを理解し、

 **ストレッチ** をしていけば、

太もも激やせ できます。

太ももの筋肉のメカニズム

(太ももを細くして
内ももにすき間を作りたい。)

(ランニング & スクワットで
太ももを鍛える。)

(細くなるどころか、
筋肉質な太ももになり…。)

体のラインが崩れたままだと
一部分に負荷 がかかってしまい、
筋肉が増して太くなる
ばかりですね！

よくある 状態	**内股、もしくはガニ股になっている** 立ったり座ったりしているときに、ひざが内に向いている人は内股、外に向いている人はガニ股。どちらも脚の骨がゆがんでおり、また股関節を動かせていない。**太もも中心の動作になり、この状態でどんなトレーニングをしても筋肉がつくだけで、かえって筋肉バランスが崩れてしまうことになる。**

**筋肉の
状態**

太ももの表側と裏側が縮こまっている

脚の骨がゆがんでいるため、太ももの表側にある大腿四頭筋や、裏側のハムストリングに負荷がかかり、筋肉が縮こまった状態。**内ももの筋肉はほとんど使われていないため、表側と裏側は筋肉質になり、内側はたるんでしまう。**それに連動しておなかや腰まわり、お尻も使われず、筋肉がたるんでしまう。

大腿四頭筋

**改善の
方法**

骨のゆがみ改善と股関節の動きを強化

まずは、**内股、ガニ股それぞれのゆがみを改善するストレッチを行う。股関節の可動域を広げるストレッチも組み合わせ、太ももの表側と裏側の筋肉を伸ばしたうえで、内ももの筋肉を縮めるストレッチ**を行う。また、股関節、ひざ、足の人差し指が一直線になるよう、日常動作で常に意識する。

\ 太もも激やせストレッチの前に /

やせ体質になる
ウォームアップを行いましょう!

P.24.26.28

ニータッチフロア

step 2 －

交互
計20回

ひざを左右交互に、床に近づける→上げる、という動作を繰り返す。

太ももの表側が伸びていることを確認しながら行う。

step 1

しゃがんで両手を体の横に置き、腰を上げる。

この体勢がしんどいときは、左ページのOPTION POSEでOK！

動画も
\ check! /

太ももの前側（大腿四頭筋）が縮んだままだと、ももの前や外側の張りが強くなり、太い脚になってしまいます。まずはストレッチでムダな力を抜く準備をしましょう。

OPTION POSE

座って行うのが難しい場合は、壁の正面に立って片手を壁につき、反対の手で足を持ってかかとをお尻に近づけ、太ももの表側を伸ばす。しっかり股関節が動くので太ももやせとヒップアップが期待できる。

NG

腰が反ると効果が半減し、腰痛のリスクが高まる。おなかをへこませて骨盤と床を平行に保とう。

足パカお尻 バージョン

step 1

横向きに寝て、下側の脚のひざを軽く曲げる。

step 2 — 左右 各10回

つま先を伸ばして脚を高く上げる。

足首とひざを伸ばし、脚を引き上げる→下げる、という動きを繰り返す。反対側も同様に。

引き上げる脚は体勢が崩れないところまででOK！

床に軽く手をつき、体のバランスをとる。

動画も
\ check! /

お尻の側面(中臀筋)を鍛えることで太ももへの負担が軽
減し、脚が細くなります。お尻のえくぼあたりに力を入れ
る意識をしましょう。

・・・・・・・・・・・・ NG ・・・・・・・・・・・・

つま先とひざが床に向くと、太ももに効いて脚が太くな
る。つま先とひざは上に向けてお尻にアプローチしよう。

足首が曲がっ
ている。

これでは効果を
得られません!!

ひざが曲がっている。

足パカ内もも
バージョン

step 1

仰向けになり、両手を体の横に
伸ばし、足をそろえて上げる。

手の平は上に
向ける。

step 2 — 10回

脚をゆっくり開いていく。限界のところで
止める→戻す、という動作を繰り返す。

ひざはできるだけ
曲げないように。

胸で息を吸って
吐く〜。胸式呼吸も
忘れずに！

太ももの内側は普段使うことが少ない部位です。両脚を開くことで、太ももの内側に刺激が加わり、また、体勢を保つことで下腹の引き締め効果も得られます。

POINT ADVICE

慣れてきたらさらに大きく開いて伸びを深める。そうすることで股関節の可動域が広がる。

OPTION POSE

きついときは両ひざを曲げ、壁に足を預けてOK。

太ももに効く ④

プリエ（ひざの曲げ伸ばし）

step2 – 10回

両ひざをかかとが浮かない範囲で、深く曲げる→伸ばす、という動きを繰り返す。

step1

両足のかかとをつけて立ち、つま先とひざを外側45度に開く。

前傾や反り腰にならないように注意して！

脚の間がひし形のようになる。

45度

背筋は常にまっすぐの状態で。

クラシックバレエの基本動作であるプリエは、太もも全体を細くする効果があります。特に内ももやせとヒップアップに効果的なストレッチです。

ひざが前に
出ないように
注意しましょう！

POINT ADVICE

ひざを伸ばすときにかかとを上げると、ふくらはぎが引き締まる。

かかと同士が
離れないよう
につま先立ち
をする。

内ももに紙を挟むイメージで、内ももとお尻に力を入れる。つま先とひざは45度に開いたまま。

下腹激やせストレッチ

- ☑ 猫背、または下向きの姿勢が多い。

- ☑ パソコンやスマホを見る時間が長い。

- ☑ 肩こりや腰痛を感じることがある。

- ☑ ダイエットしても下腹のお肉だけ
  落ちない。

- ☑ 体を伸ばす運動をまったくしていない。

1つでも心当たりがあると…

おなかの上部分の
筋肉が縮こまって いますね。
これは **下腹ぽっこりの姿勢**
といえますよ。

やせポジSTYLE

ビキニを着て
海やプールで
思いっきり
はしゃぎたい！

次ページの体のメカニズムを理解し、

 **ストレッチ** をしていけば、

下腹激やせ できます。

下腹の筋肉のメカニズム

(ずっと ぽっこりした下腹に 悩んでいる。)

≫

(腹筋運動をしながら 食事制限もする。)

≫

(体は締まってきたけど 下腹だけがへこまない。)

≫

≫

おなかの上部ばかりを鍛えても
下腹やわき腹はまったく
使われていません！

よくある状態

猫背や反り腰で、姿勢が悪い

猫背の人、また日常生活で前傾姿勢になることが多い人は、下腹ぽっこりになりやすい。反り腰の人も同様。みぞおちあたりを触ってみると、かたくなっている人が多い。また、**むやみに腹筋運動をしている人は、おなかの一部分のみが鍛えられ、筋肉バランスがどんどん崩れていく。**

筋肉の状態

おなかの上部の筋肉のみがカチカチ

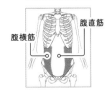

腹横筋　腹直筋

おなかの中心にある**腹直筋（ふくちょくきん）の上部が縮こまり、下部がゆるんだ状態。**また、**おなかをぐるりと包んでいる腹横筋（ふくおうきん）が弱いため、ここを鍛える必要がある。内臓を支えている骨盤底筋群（こつばんていきんぐん）もゆるんでおり、そことつながっている内ももも**ゆるんだまま。縮こまった筋肉とゆるんだ筋肉が混在し、バランスが悪い。

改善の方法

おなかを伸ばし、ゆるんだ筋肉を刺激

最初に**おなかの上部の筋肉を伸ばすストレッチを行**う。そのうえで**下腹やわき腹を鍛えるストレッチを**組み合わせる。これと同時に**内ももの筋肉を動かすことで骨盤底筋群も連動して鍛えられる。**この状態になってはじめて、下腹の筋肉を引き締めるストレッチの効果が生まれる。

＼下腹激やせストレッチの前に／

やせ体質になる
ウォームアップを行いましょう！

P.30.32

ドローイン腹筋

step 1 — 20~30秒

仰向けになり両ひざを立て、タオルを腰の下に入れ、呼吸をする。

ボールやタオルを
太ももで挟んで
行ってもよい。内
ももと骨盤の筋肉
も鍛えられる。

胸に息を吸い込んで、ゆっくり吐く。

step 2 — 10回

タオルを引っ張っても抜けないように下腹をへこませたまま、上体を上げる→下げる、という動作を繰り返す。

下腹に力が
入っていることを
意識して！

もう片方の手で
頭を支える。

動画も
\ check! /

縮こまりがちなみぞおちあたりの筋肉を伸ばしたら、今度はおなかの下部分にアプローチ。下腹に力がしっかりと入っていることを確認しながら行いましょう。

step 3 — 10回

Step1 の体勢から両脚を上げ、タオルが抜けないように、腹筋運動をする。

ひざからつま先が床と平行になるように。

目線はへそに向ける。

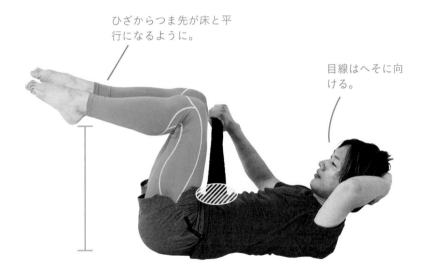

POINT ADVICE

タオルが抜けないようにすると、自然と下腹に力が入る。タオルが抜けてしまうということは、まだおなかの筋力が弱いので、Step2に戻って1～2週間ほど練習しよう。慣れてきたらStep3にチャレンジを！

下腹に効く❷

ツイストクランチ

step 1

仰向けになり、両ひざをそろえて曲げ、
ひざからつま先が床と平行になるように上げる。

両手で頭を支え、
上体を起こす。

腰が浮かないように
しましょう！

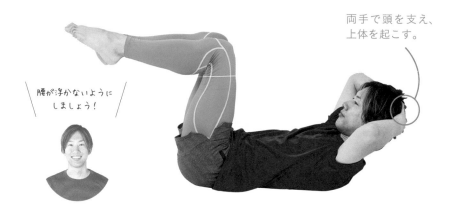

POINT ADVICE

腹斜筋が刺激されることで、下腹からわき腹の
ぜい肉を効率よく落とすことができる。やや難
易度が高いストレッチなので、おなかの筋力が
弱い人は「P.56 ドローイン腹筋」で筋力を高め
てからチャレンジしよう。

動画も
\ check! /

おなかの上部の腹直筋（ふくちょくきん）と、わき腹の腹斜筋（ふくしゃきん）（腹横筋（ふくおうきん）の深部）を鍛えるのに効果的です。おなかに力を入れながらひねる動作を加えることで、美しいくびれができます。

step 2 — 交互 計20回

片脚を伸ばし、その反対側に上体をひねる。

曲げている脚を胸に引き寄せるイメージ。

伸ばす脚とひねる方向を入れ替え、繰り返す。

伸ばした脚はまっすぐに。

レッグツイスト

ひざとかかと
をそろえる。

ボールやタオルを
太ももに挟んで
行ってもOK！内
ももと下腹やせの
ダブル効果に。

step 1

仰向けになり、両脚を
そろえて上げる。

胸式呼吸をしながら
ゆっくりと！

step 2 － 交互 計20回

そろえた両脚を左右に
ゆっくり倒す。

肩が床から離れ
ないように。

動画も
\ check! /

おなかに力を入れながら脚を左右に倒すことで、おなかの筋肉全体をしっかり鍛えられます。脚を倒せる範囲内で、ゆっくりと行うのがポイントです。

OPTION
POSE

難しい場合はひざを曲げて行おう。かかととひざをそろえることは忘れずに。

デッドバグ

step 1

仰向けになり、腰幅に
両ひざを立て、両腕を
まっすぐ上に伸ばす。

背筋は常にまっすぐ
の状態で。

step 2 − 10秒

脚と頭を同時に持ち上
げ、キープする。

下腹に力が入っている
ことを意識して！

首がつらいときは、
頭を床につけたまま
で OK ！

ひざからつま先
が床と平行にな
るように。

インナーマッスルを刺激する、下腹やせに効果的なスト
レッチです。おなかをへこませたまま手足を上げること
で、腹筋がしっかり使われます。

step 3 — 10秒　両手を頭の上に伸ばし、足を浮かせた
状態で上体を起こし、キープする。

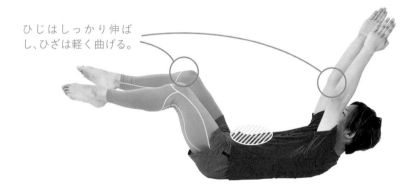

ひじはしっかり伸ば
し、ひざは軽く曲げる。

NG　腰が反ると腰痛の原因になる。反っ
てしまう場合はステップダウンし
て、腹筋を強化しよう。

＋α　両腕をさらに伸ばし、両脚もまっすぐ伸ばしてキー
プすることで、下腹により力が入る。

つま先まで伸ばす。

3 腰まわり 激やせストレッチ

- ☑ 前かがみの姿勢になることが多い。

- ☑ 自然に寝返りができない。

- ☑ 腰をひねる動作をほとんどしない。

- ☑ 物を持ち上げるとき、腕力に頼りがち。

- ☑ スムーズに後ろを振り向けない。

1つでも心当たりがあると…

おなかや腰の
筋肉が動いていません。
腰でひねる動作ができないため、
腰に浮き輪肉がどんどん
ついていきます。

たまには、
へそ出しルックで
アクティブに
動き回りたい！

次ページの体のメカニズムを理解し、

ストレッチ をしていけば、

腰まわり激やせ できます。

腰まわりの筋肉のメカニズム

腰に 浮き輪のように肉 が
ずっとついたまま。

≫

腹筋 しても ダメ、
ひねる運動 をしても ダメ。

≫

浮き輪肉はしぼむどころか、
どんどん大きく なっている。

≫

腰を反らす動きになっています。
腰まわりの筋肉が ゆるんだまま では
ほかの筋肉が鍛えられる
だけです！

| よくある 状態 | 体をひねる動作が少ない |

体をスムーズにひねることができず、胸からではなく、腰から動いている感覚。スマホやパソコンの作業、家事などで背中を丸めた悪い姿勢になっている。その影響で筋肉がかたまる、血液やリンパの流れが悪くなる、ぜい肉蓄積の体質になる、という負の連鎖に陥っている。

| 筋肉の 状態 | わき腹の腹斜筋（ふくしゃきん）が弱く、たるんでいる |

おなかの上部にある腹直筋が縮こまった状態。また、**背中の大部分を占める広背筋（こうはいきん）はゆるみ、胸の筋肉は縮こまっており、ひねる動きにブレーキをかけている。**その影響で**腹斜筋（腹横筋（ふくおうきん）の深部）がゆるみっぱなし**に。腹斜筋は起き上がるときにも使われるので、ここをしっかり鍛える必要がある。

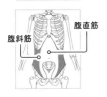

腹斜筋　腹直筋

| 改善の 方法 | "やせポジ"を作り、ひねってわき腹を強化 |

長い間使われていない腹斜筋は、急にひねる動作をしてもうまく使われないので、まず、**おなかの上部、胸、背中の縮こまった筋肉を伸ばす。**"やせポジ"を作れたら、サイドプランク（P.68）から始め、**腹斜筋に力が入っていることを感じながらさまざまな体勢でのストレッチにステップアップ**する。

＼ 腰まわり激やせストレッチの前に ／

やせ体質になる ウォームアップを行いましょう！

P.30.36

腰まわりに効く❶

サイドプランク

step**1** 厚みのあるクッションの上に片腕を曲げて置き、横向きに寝る。両脚はそろえてひざを曲げる。

両脚をそろえる。

step**2** — 左右 各**10**回 体を持ち上げる→下げる、という動作を繰り返す。反対側も同様に。

腰を引き上げるイメージで。

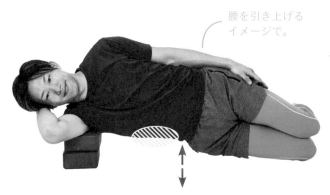

上げ下げが難しい場合は、上げたところで10〜20秒キープを！

動画も
\ check! /

プランクは体幹の筋肉を効率よく鍛えることができ、おなかまわりを引き締められます。腹筋だけでなく背筋をはじめ、全身の筋肉に効くストレッチです。

余裕があればひざを伸ばして行う。お尻にも力が入るため、ヒップアップにも効果的。

POINT ADVICE

床にひじを置いてバランスをとってもよい。腕力がない人は、腕の下にクッションを置くのがおすすめ。

サイドプランク ツイスト

step 1

片ひじを床に、片脚を前、もう片方を後ろに置いた状態で、腰を上げて片手を上げる。

胸を大きく開く。

わき腹に力を入れて支える。

後ろから見た状態

ひじの下にクッションを敷いてもOk！

動画も
\ check! /

上体を大きくひねる動作は、おなかや腰まわり、さらに背中の筋肉も大きく伸びるので、体のラインを引き締められます。左右ともバランスよく行いましょう。

step 2 — 左右各20回

上げた腕をわきの下にくぐらせる→ Step1 の状態に戻す、という動作を繰り返す。反対側も同様に。

ついているひじに力が入りすぎないように注意しよう。

後ろから見た状態

指先をそろえてわきの真下に腕をくぐらせる。

シーテッドツイスト

step 1

イスに座り、ひざの間にボールを挟み、両腕を胸の前で重ねる。

挟むのはクッションでもよい。

step 2

交互
計10回

へそを正面に向けたまま上半身だけひねる。

ひざの位置は変えない。

かかとが浮かないようにする。

胸から動くイメージで！
動く範囲内でOKですよ!!

72

腰をひねって体幹の回旋をコントロールするストレッチです。胸椎（きょうつい）（背骨の中央部分）の可動域を広げることで、腰まわりの筋肉がしっかり動くようになります。

step 3

イスに片手を置いて片ひざを立て、もう片方の腕を前に伸ばす。

背すじはまっすぐ。

step 4 — 交互 計10回

腰の位置を変えずに胸を後ろにひねる。

イスに置いた手は軽く添えるだけ。

おなかと内ももに力が入るとGOOD！

NG

背中が丸まると腰まわりの筋肉がゆるんだ状態になるので、効果が得られない。

ウエストひねり

step1

うつ伏せになって両腕を横に広げ、両脚を伸ばす。

しっかり伸びてますよ〜。痛気持ちいいところでOk！！

step2 — 10回

片脚をもう片方の脚を越えて伸ばす→元に戻す、という動作を繰り返す。

上体が浮かないように大きくひねる。

74

動画も
\ check! /
3章

足の重みを使って体をひねるこの動作は、上半身全体の筋肉が使われます。普段使うことが少ない腰まわりや背中の筋肉を伸縮させ、ウエストを引き締めましょう。

step 3 — 10回

Step2と同様に反対側も行う。

ひざは軽く曲げる。

NG

肩が床から浮くと、引き締め効果が半減する。

☑ 巻き肩（ひじの内側が体側に向いている）、猫背で背中が丸い。

☑ 力を抜いたとき、ひじが自然に曲がっている。

☑ 歩くとき、ひじを曲げて手を振っている。

☑ ひじによくバッグをかけている。

☑ メイクや料理、スマホ操作などで、ひじを曲げた状態になることが多い。

1つでも心当たりがあると…

ひじを曲げる動作が多いと、

力こぶが縮こまり、

伸ばす動作が少ないと、二の腕の裏側は

ふにゃふにゃ になりますよ。

\ 目指せ！ /

やせポジSTYLE

周囲の視線を
気にせずに、
ノースリーブを
着こなしたい！

次ページの体のメカニズムを理解し、

ストレッチ をしていけば、

二の腕激やせ できます。

二の腕の筋肉のメカニズム

(腕の裏側にお餅のような肉が
たれ下がっている。)

≫

(ダンベルを持って筋トレし、
ひじを曲げてウォーキング！)

≫

(腕自体はたくましくなり、
たるみはひどくなる一方…。)

≫

ひじを曲げる動作を増やしても
力こぶに負荷がかかるだけで、
二の腕の裏側は
ずっと**おやすみ**しています！

ひじを曲げることが多い

二の腕の内側（力こぶ）がかたく、裏側がゆるんだ状態。スマホを見る、料理をする、メイクをするなど、日常的に**ひじを曲げることが多く**、歩くときも**ひじを曲げて歩いている。力を抜いてひじがわずかでも曲がる人**は、二の腕の裏側がゆるみやすい状態になっているといえる。

筋肉の
状態

力こぶが強化され、裏側はゆるんでいる

ひじを曲げた状態は、**二の腕の内側の上腕二頭筋（じょうわん にとうきん）に力が入り、縮こまっている**。つまり力こぶが筋トレ

上腕二頭筋

されている状態。逆に相反神経抑制という作用によって**二の腕の裏側の上腕三頭筋（じょうわんさんとうきん）はゆるんで**、たるむ仕組みになっている。巻き肩や猫背の傾向もあり、肩甲骨が開いた状態で背中までたるんでいる。

改善の
方法

ひじを伸ばして二の腕の裏側を鍛える

まず日常生活でひじを曲げる動作を減らし、逆に伸ばす動作を増やす。ストレッチでは、**二の腕の内側の筋肉を伸ばしたうえで、肩甲骨を閉じる、ひじを伸ばす、胸を開くという動作をセットで行う。**タオル、ペットボトル、ハンガーというアイテムを使うことで、効果が倍増する。

＼二の腕激やせストレッチの前に／

やせ体質になる
ウォームアップを行いましょう！

P.34.38

タオルストレッチ

step 1

イスに座り、タオルを持って両腕を上げる。

肩の位置が上がらないように注意。

横から
見た状態

ひじは曲がってもよいが、できるだけ伸ばせるように慣らそう。

動画も

\ check! /

日常生活であまり使われないわき腹から二の腕の筋肉を
しっかり伸ばすストレッチ。ゆるみっぱなしになっている
二の腕の裏側を目覚めさせましょう。

step 2 ─ 左右 各20~30秒

**上体を真横に倒す。反対側
も同様に。**

胸式呼吸をしながら、
リラックスした状態で！

胸は開いたまま
の状態で。

腰の位置は固定
したままで。

NG

手が前方に位置する
と猫背になり、二の
腕が伸びない。

トライセプスエクステンション

step 1

両脚を前後に開いて片手をイスに置き、もう片方の手で
500ml の水が入ったペットボトルを持ち、ひじを曲げる。

350ml の
ペットボトルでも
いいですよ！

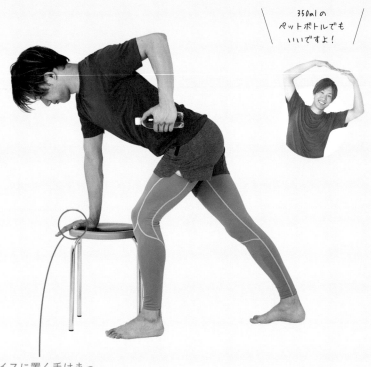

イスに置く手はまっ
すぐ伸ばす。

動画も
\ check! /

4章

二の腕を曲げたり伸ばしたりすることで、たるんだ筋肉が
伸縮を繰り返し、引き締められます。ひじをしっかり伸ば
しきると、上腕三頭筋（じょうわんさんとうきん）が効率的に引き締まります。

step 2 — 左右 各10回

背すじをまっ
すぐ保つ。

ペットボトルを持った手を
後ろにまっすぐ伸ばしきる
→元の状態に戻す、という
動作を繰り返す。反対側も
同様に。

前から
見た状態

NG

わきが開いた状態だと
効果半減。わきをしっ
かり締めてひじの曲げ
伸ばしをしよう。

腰から頭のラインが一直線に
なるように前傾姿勢を保つ。

二の腕に効く❸

手首ストレッチ

胸式呼吸をしながら、
気持ちよさを感じてー！

腕と床が垂直になるように。

step 2 － 20~30秒

お尻をかかとにつけ、二の腕から手首を伸ばす。

手の平は床につけたまま。

84

手首は日常の中でよく使い、かたまりやすい部位です。手首の柔軟性を高め、可動域を広げることで二の腕をより活性化させることにつながります。

手先が体側に向くように。

step 3

正座をして手の平を外側に向け、ひじを曲げる。

step 4 — 20回

手の平で空気を押し出すようにひじを伸ばす。step3 と 4 を繰り返す。

腕は床と平行になるように。

横から見た状態

手は頭よりも後ろに位置するように。

二の腕に効く❹

ハンガーストレッチ

大きく胸が開
いている状態
になる。

step 1

背中の後ろでハン
ガーの両端を両手で
挟むように持つ。

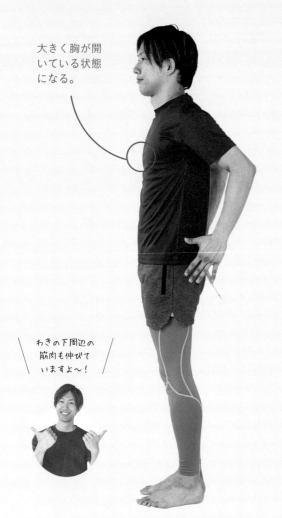

NG

わきの下周辺の
筋肉も伸びて
いますよ〜！

ひじを外に開いたり、肩をす
くめたりしてしまうと、二の
腕の筋肉が伸びない。両腕は
真後ろにしっかり伸ばそう。

動画も
\ check! /

4章

肩甲骨を閉じる動作を行うと、二の腕の筋肉が刺激されます。また、ハンガーを落とさないようにすることで、二の腕の筋肉の伸縮性がより高まります。

step 2 — 10回

両腕を引き上げて二の腕を
伸ばす→元に戻す、という
動作を繰り返す。

後ろから
見た状態

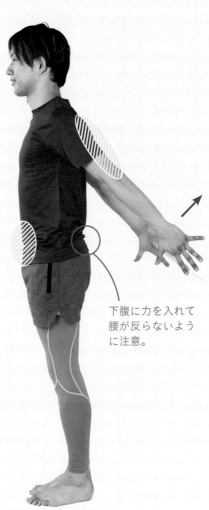

下腹に力を入れて
腰が反らないよう
に注意。

肩甲骨をくっつけるように寄せる
ことを意識する。ハンガーの代わ
りにラップの芯を使っても OK。

PART 5 ふくらはぎ 激やせストレッチ

やせポジCHECK

- ☑ しゃがめない、またはしゃがむと後ろに倒れる。

- ☑ 足首を曲げると、指も一緒に曲がる。

- ☑ 脚(足)がよくつる。

- ☑ ヒールを履くことが多い。

- ☑ 片足立ちで靴下を履けない。

1つでも心当たりがあると…

足首がかたくなっていますね。
その影響で常に
ふくらはぎの位置が下がって、
足首が太くなってしまいます。

目指せ！

やせポジSTYLE

ひざ上丈の
ミニスカートを履いて
街をさっそうと
歩きたい！

次ページの体のメカニズムを理解し、

ストレッチ をしていけば、

ふくらはぎ激やせ できます。

ふくらはぎ の筋肉のメカニズム

（ 脚が太いからスカートや
細身のパンツが履けない。 ）

≫

（ ふくらはぎの筋トレや
ウォーキングで筋肉を鍛えている。 ）

≫

（ どんどんたくましくなり、
逆に太くなってしまい…。 ）

≫

足首がかたくなって曲がりにくく、
ふくらはぎが常に縮んだ状態。
筋トレでついた筋肉が
下がってしまうだけです。

足裏で地面を踏みしめて立っている

ヒールを履いたり、靴の中で地面を踏みしめるクセがあったりする。**朝や夕方になると脚がむくむ人の多くはこのパターン。**ふくらはぎや足首がかたくなっており、この状態でウォーキングしたり筋トレしたりすると、筋肉がつくだけで、太くなってしまうという逆効果に。

筋肉の
状態

ふくらはぎと足首がかたくなっている

根本的な原因は、足首がかたくなっていること。その影響で**ふくらはぎの上部の筋肉である腓腹筋（ひふくきん）と、下部のヒラメ筋が縮こまり、盛り上がった筋肉が足首側に落ちた状態に。**また、片足立ちでグラグラする人は、ふくらはぎの内側と外側で柔軟性のバランスが悪く、常に筋肉に力が入っている。

ヒラメ筋

腓腹筋

改善の
方法

足首をやわらかくし、ふくらはぎを伸ばす

足首のこわばりを改善することが先決。そのうえで**ふくらはぎを伸ばすストレッチ**を行い、リラックスした状態で立てるようにする。この状態になったら、**筋肉を伸ばす、縮めるという動作**を繰り返すストレッチを行い、筋肉バランスを整えていく。太もも、お尻のシェイプアップも同時にはかれる。

\ ふくらはぎ激やせストレッチの前に /

やせ体質になる
ウォームアップを行いましょう！

P.24.26

フレックス＆ポイント

すべての指でしっ
かりつかむ。

step 1 - 10回

床に座って両手を体の横に置
き、両ひざを曲げ、足の指で
靴下をつかむ。足を体側に反
らせる→足の甲を伸ばす、と
いう動作を繰り返す。

靴下が落ちない
ように。

Check

足首を曲げるとつま先が反るのは、ふ
くらはぎがかたくなっているサイン。
つま先を伸ばしたまま足首を曲げられ
るようになるまで練習しよう。

Zoom

動画も
\ check! /

5章

足の指を動かすことで、かたまった足首がやわらかくなり、たるんでいるふくらはぎに刺激が伝わりやすくなります。ふくらはぎを伸ばすストレッチもセットで行いましょう。

step 2

片ひざを立ててしゃがみ、両手を体の横に置く。

指先を床につけて体のバランスをとる。

step 3 — 左右 各20~30秒

両手を前方に置いて上体を倒す。反対側も同様に。

アキレス腱からふくらはぎが伸びているのを意識して！

かかとが浮かないように、おなかと太ももを近づける。

ヒールリフト

step 2 — 交互 計10回

片方のかかとを上げると同時に、反対側のかかとを下げて足踏みする。

かかとを下げたほうのアキレス腱が伸びていることを意識する。

step 1

壁に両手をつき、踏み台に足の前半分を乗せて立つ。

前傾しないように、体のラインはまっすぐにキープ。

踏み台として雑誌を重ねたり、階段で行ったりしてもOK!

動画も
\ check! /

かたまりがちなアキレス腱を伸ばし、たるんでいるふくらはぎに刺激が伝わりやすくします。脚の表側と裏側の筋肉バランスを整え、美脚を目指しましょう。

POINT ADVICE

片足をもう片方の足に乗せ、そのままかかとを上げたり下げたりすると、ふくらはぎの筋肉がより引き締まる。ふらつきやすいので、壁に手をついてバランスをしっかり保とう。

後ろから
見た状態

ひざは外や内に向かないようにし、まっすぐ曲げる。

ダウンドッグ ポーズ

step 1 — 20~30秒

両脚を腰幅に開き、両手を前につく。ひじとひざを伸ばし、腰を反らせてお尻を斜め後ろに突き上げる。

かかとはできるだけ床に近づける。

step 2 — 20~30秒

お尻をさらに突き上げて腰を反らす。

ポーズをとるときにひざを曲げるとヒラメ筋のストレッチに、伸ばすと腓腹筋（ひふくきん）のストレッチになります。両方をバランスよく伸ばすことで足首が細くなります。

NG

腰から背中が丸まってしまうと、筋肉が伸びない。腰は反り気味がベスト。

OPTION POSE

かかとがつかなければ、ひざを少し曲げてもOK。

継続すればかかとがつくようになりますよ！

ひざを曲げてかかとを浮かせる。

ルルヴェ

step 1

かかとをつけて立ち、足先とひざを
45度に開く。両手は胸に重ねて置く。

壁に手をついて
行ってもいいですよ！

視線は正面に向け、背
すじをまっすぐに。

両脚のひざ、か
かと同士をくっ
つける。

NG

かかと同士が離れると、ふく
らはぎが外側に張り出して太
くなる。

ルルヴェはフランス語で「持ち上げる」という意味で、つま先立ちをするストレッチです。ふくらはぎからお尻にかけた筋肉がほどよく刺激され、下半身の引き締めに効果的です。

step 2 — 10回

かかとを上げる→下ろす、という動作を繰り返す。

余裕があれば、かかとを上げたままひざの曲げ伸ばしを繰り返す。ふくらはぎがさらに刺激され、効果アップ！

後ろから見た状態

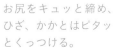

お尻をキュッと締め、ひざ、かかとはピタッとくっつける。

お尻 激やせストレッチ

- ☑ イスに浅く座って背もたれに体を預けている。
- ☑ しゃがむ動作をほとんどしない。
- ☑ 体をひねるときにひざが動く。
- ☑ 歩くとき、かかとから着地している。
- ☑ 階段を上るとき、へその高さまでひざを上げることができない。

1つでも心当たりがあると…

お尻の筋肉がまったく
使われていません。
周辺の筋肉は太くなり、お尻はさらに
ゆるんで、たれ下がり
ますよ。

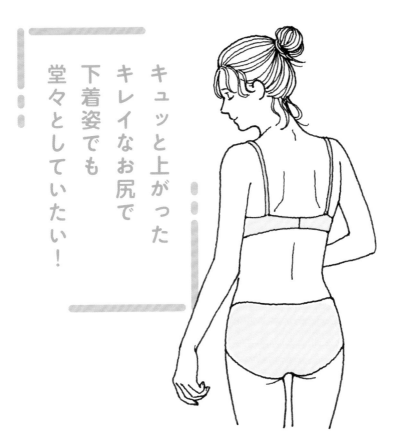

キュッと上がった
キレイなお尻で
下着姿でも
堂々としていたい！

次ページの体のメカニズムを理解し、

ストレッチ をしていけば、

お尻激やせ できます。

お尻の筋肉のメカニズム

(お尻が下にたれて
横に広がっている。)

≫

(階段を上るようにしているが、
太ももやふくらはぎが疲れる。)

≫

(お尻がさらにたれ下がり、
脚まで太くなってしまい…。)

≫

≫

お尻が使えていないので
筋トレをしても**効果はなし**です！
それどころか**脚に負担**をかけ、
太くしてしまいます。

太ももやふくらはぎが疲れやすい

歩いたり階段を上ったりしたときに、太ももやふくらはぎが疲れる人は要注意。**無意識に靴の中で地面を踏みしめるクセがついており、足首がかたく、ふくらはぎがむくみ、太ももに負担がかかる状態に**なっている。ヒールを履く人も同じ状態。朝や夕方に脚がむくむ人はこの傾向にある。

お尻の3つの筋肉が使われていない

お尻の筋肉である臀筋群は、小臀筋、中臀筋、大臀筋で構成されているが、脚を使った動作が多くなると、これらの**一部、またはすべてが使われておらず、お尻はたるむ**。さらに脚の負担が増え、太くなる。もも尻を作るには、臀筋群のバランスを整えることが必要となる。

小臀筋　中臀筋

大臀筋

股関節を使うストレッチを行う

股関節を広げるストレッチで、股関節を使えるようにする。**足首、ふくらはぎ、太ももを伸ばすストレッチ**も行い、お尻に力が入るようにする。また、**スクワットのアレンジストレッチ**（お尻激やせストレッチ）を強度の低い種目から行う。お尻の筋肉が使えるようになると、階段昇降だけでもヒップアップに。

＼ お尻激やせストレッチの前に ／

やせ体質になる
ウォームアップを行いましょう！

P.28.32

ニーリング
ヒップヒンジ

step 1

片足を内に向け、もう片方を外に向けて座る。

肩をひざと平行に
保つ。

このポーズがつらい
ときは、お尻の下に
クッションを敷く。

step 2 — 左右 各10〜20回

**お尻を持ち上げる→下ろす、という
動作を繰り返す。反対側も同様に。**

前傾しない
ように。

お尻に力を
入れる。

お尻の力を使うこと。
手はバランスを
補助する程度に！

動画も
\ check! /

ヒップヒンジとは、股関節を動かすという意味。お尻全体の表面側の筋肉である大臀筋（だいでんきん）を鍛えることができます。筋肉の伸縮運動でヒップアップを導きましょう。

OPTION POSE

難しい場合は、両手を胸の前でクロスしてひざ立ちし、すねを平行に置いて上体を倒す。

ボールやタオルを太ももの間に挟んで行うと、内ももののシェイプアップにも効果的。

股関節から動かしてお尻に力を入れる。

スタンディング ニーリフト

step 1

壁に両手をついて
背すじを伸ばす。

背すじを
しっかり
伸ばす。

step 2 — 左右 各20回

片ひざを上げる→下ろす、という動作
を連続で行う。反対側も同様に。

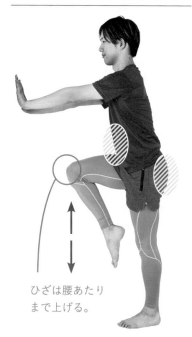

ひざは腰あたり
まで上げる。

股関節から
動かしてくださいね〜！

NG

腰が丸まると股関節が使
われないためお尻がたれ
る。背すじは伸ばしたま
まで上げられるところま
でひざを上げる。

股関節から動かすことを意識すると、お尻の筋肉が使われます。コツは太ももの筋肉を使わないこと。キュッと上がった美尻を目指しましょう。

step 3

ひざの高さぐらいまでのブロックを準備する。ブロックの後ろに片脚が位置するように立ち、両手を腰に当てる。

step 4 — 左右 各20回

ブロックの後ろに位置していないほうの脚を上げ、ブロックを越えてつま先を床につける→元に戻す、という動作を繰り返す。反対側も同様に。

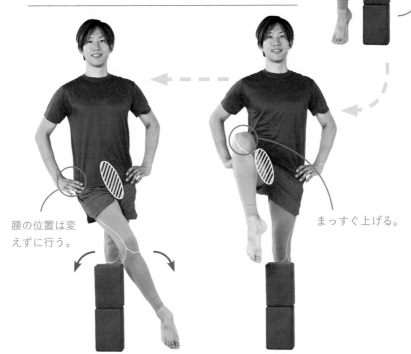

ティッシュ箱を代用してもOK！

腰の位置は変えずに行う。

まっすぐ上げる。

パラレルプリエ

step 1

両脚を肩幅に開き、両手を胸に重ねて置く。

つま先が
外に向かないように
注意して！

NG

つま先が外を向くとひざが内に入って
しまい、お尻に正しく力が入らない。
つま先はまっすぐ前に向ける。

ひざとつま先
が一直線にな
るように。

動画も
\ check! /

正しい姿勢と動きでスクワットをすれば、全身の筋肉がまんべんなく使われます。股関節から動かすことを意識し、お尻の筋肉を活性化させましょう。

step 2 － 20回

お尻を後ろに引くように股関節を動かし、ひざを曲げる。

横から見た状態

お尻をグッと後ろに引き、腰はやや反らせることを意識するとよい。

背骨とすねは平行。

股関節、ひざ、足をつなぐラインが床に対して垂直。

NG

ひざがつま先より前に出ると、お尻の筋肉が使われない。お尻は後ろに引こう。

PART 7

背中激やせストレッチ

やせポジCHECK

- ☑ デスクワークが多い。

- ☑ 日常生活で体を反らすことが少ない。

- ☑ 猫背で巻き肩である。

- ☑ 朝起きたときに腰が痛い。

- ☑ 肩こりが激しくマッサージに通っている。

1つでも心当たりがあると…

体の前側が縮こまって

背中はゆるんだまま

の状態で、

筋肉が眠り続けて

いますね。

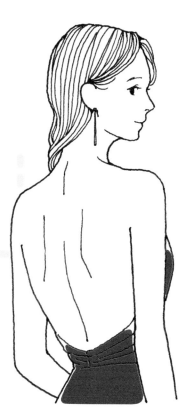

\ 目指せ！ /

やせポジSTYLE

背中あきドレスを
着こなせるくらい
後ろ姿に
自信を持ちたい！

次ページの体のメカニズムを理解し、

ストレッチ をしていけば、

背中激やせ できます。

背中の筋肉のメカニズム

背中が丸くなり
後ろ姿に年齢が現れている。

≫

上体を反らすストレッチを
繰り返し行った。

≫

背中は細くならず、
腰を痛めてしまった…。

≫

胸の筋肉が縮こまっているため
背中を反らせておらず、
腰に負担がかかった
だけですね。

背中を丸めて生活している

デスクワークや料理などの家事の時間、スマホを使用する時間が長く、**背中を丸めた体勢が多い**。肩がこったら肩回し、腰が痛くなったら腰回しをしている。痛みがひどいときはマッサージに通い、一時的には痛みが緩和されるが、時間が経つとまた同じ状態になる。

筋肉の
状態

胸は縮こまり、背中はゆるんだまま

前傾姿勢の時間が長くなると、**胸の筋肉である大胸_{きん}筋が縮こまり、反対側の背中の広背筋はゆるんだま**まの状態。下腹ぽっこり、腰まわりの浮き輪肉の原因とも共通しているが、背中の筋肉が使われないので、上半身を動かすとき、おなかの上部にある腹直^{ふくちょく}筋のみが使われ、ほかの筋肉は刺激されていない。

広背筋

改善の
方法

背筋を伸ばして胸から体をひねる

背筋を反らして**胸を張るストレッチ**から始める。姿勢が整い、筋肉がリラックスしたら、**上半身を反らすストレッチ**に加え、**ひねりを加えるストレッチ**を行う。また、背中を反るときに腰が痛くなる人は、胸やおなかの筋肉を伸ばすストレッチを必ず行うこと。日常生活でも意識的に背中を伸ばすように。

＼ 背中激やせストレッチの前に ／

やせ体質になる
ウォームアップを行いましょう！

P.34.36.38

ソラシックツイスト

step 1

四つん這いになり、手を
肩幅、足を腰幅に開く。

足の甲を床に
つける。

肩幅に置く。

腰幅に開く。

step 2

片手を反対側の肩の下
に置き、もう片方の腕
を伸ばす。

114

背中は動かすことが少なく、ぜい肉がつきやすい部分です。背中を反らし、さらにひねる動作を加えることで、肩甲骨まわりや背中が引き締まります。

目線は上げた腕の
指先へ。

step 3 — 左右各10回

腕を伸ばしたまま胸をひねる→腕を下ろす、という動作を繰り返す。反対側も同様に。

息を吸いながら
ひねり、吐きながら
腕を下ろしましょう！

NG

腕がずれると効果半減。おなかに力を入れて固定しよう。

背中は丸めずにしっかり反らす。

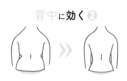

バックエクステンション
（平泳ぎバージョン）

step 1

うつ伏せになり、両腕を頭の前方に伸ばし、
両脚を腰幅に開いてまっすぐ伸ばす。

手の指はそろえて伸ばす。

POINT ADVICE

腰を反らすと痛くなる人は、胸やおなかなど
体の前面の筋肉がかたくなっている。無理に
続けると腰痛が悪化するので、P.30〜31、
36〜37のストレッチを先に行おう。

動画も
\ check! /

背中を反らせて上体を起こすことで肩甲骨が自然に寄り、背中全体の筋肉が使われます。おなかや二の腕にも刺激が加わるので、上半身のシェイプアップに有効です。

step 2 — 10回　上体を起こし、平泳ぎをするように手の平で円を描いて肩甲骨を動かす。

大きく円を描くと
より効果的！

上体は無理に高く起こさ
なくてもいいですよ！

余裕があれば、さらに上体を反らす。その状態で
腕を平泳ぎのように動かすことで、背中や肩甲骨
周辺まで引き締まる。

スイミング

step1

うつ伏せになり、両腕を肩幅に開いて前方に伸ばし、手の側面を床につける。両脚は腰幅に開いて伸ばし、足の甲を床につける。

手の指はそろえて伸ばす。

step2 — 交互 計20回

片腕を上げ、それとは反対側の脚を上げる。もう片方の腕と脚も同様に動かし、歩くようにリズミカルに繰り返す。

腰をひねりすぎないように、へそは床にピタッとつけたままで!

ひじとひざが曲がらないように。

動画も
\ check! /

うつ伏せで腕と脚を動かして歩行の動作をすることにより、背中に筋肉がつき、左右の筋肉のバランスが整います。腰まわりの筋肉も刺激され、美しい後ろ姿に。

step 3 — 交互 計20回

腕と脚の振り上げをさらに大きくする。

上体は起こしたまま！

POINT ADVICE

歩くときはスイミングのイメージで、体の後方へ腕と脚をしっかり伸ばそう。日ごろから意識することで、歩くだけで背中が引き締まるようになる！

ひじを伸ばす。

けり出すほうの脚を意識する。

やりすぎNG！
自分のペースを守りましょう！

激やせストレッチは短期間でも
効果は現れますが、継続しなければ
元に戻ってしまいます。継続するには、
〝極端な目標を立てないこと〟です。

やりすぎ NG 1　過度な負荷をかけないこと

気持ちいいと
感じる
くらいで！

筋肉や関節に過度な負荷をかけると、痛み
が出てしまうこともあります。目安は〝気持
ちいい〟と感じるポジションで、〝苦しくな
い〟という度合いにとどめておくことです。

やりすぎ NG 2　一度に長時間行わないこと

1日1分でも
習慣化
すればOK！

すべてのストレッチを行うと、体力的に
も時間的にも無理が出てしまいます。最
初は1日1種目でもかまいません。慣れ
てきたら毎日10〜30分を目安に。

やりすぎ NG 3　結果をすぐに求めないこと

1日の効果は
少しでOK！
継続するための
気持ちを保とう

自分を追い込むのはNG。1週間で結果が出ないいら2週間、それでもダメなら1ヶ月というように、心にゆとりを。太りにくい体質にするコツは、継続です。

やりすぎ NG 4　しっかり休憩すること

休みを
うまく入れて
楽しい
ストレッチに！

毎日の睡眠や、休養もトレーニングのひとつだと考えてください。ストレッチ中の休憩はもちろん、体調が悪いとき、体に痛みがあるときは休んでOKですよ。

激やせだけではなく

疲れをやわらげる
効果もあります！

激やせストレッチは"激やせ"だけでなく、
心身の疲れをやわらげるので
体の慢性的な痛み、メンタル不調などの
改善にも有効なのです。

疲れを
やわらげる
理由 **1**　心身がリラックス！

呼吸することで
体が
リフレッシュ！

胸式呼吸は日常生活でかたくなった背骨
やあばら骨の動きを柔軟に。自律神経が
整うので、頭痛や眼精疲労の緩和、便秘
解消、脳の活性化なども期待できます。

疲れを
やわらげる
理由 **2**　体の痛みがなくなる！

筋肉を伸ばすと
全身が
やわらぐ！

筋肉を伸ばすことで、筋肉や関節の痛み
を軽減できます。それに連動してほかの
筋肉の負担が分散され、関節がスムーズ
に動くことが期待できます。

3 疲労回復が早い！

疲労を除去し
ためない
体質になる！

血液やリンパの流れがよくな
り、むくむことのない体に変わ
ります。さらに全身の疲労回復
や免疫力アップの効果も期待で
きます。

4 よく眠れる！

質のよい睡眠で
ストレスフリーに！

ストレッチをしたあとや、翌朝
の目覚めがスッキリ。気持ちよ
くストレッチすることで寝返り
もスムーズに。ストレスからも
解放されます。

自分と向き合えば向き合うほど、
自分のことが好きになる。
ストレッチはそのお手伝いです。

LINEであなたに合った
オススメストレッチを
お届けします。

「つらい思いをしてもやらないといけない」
もし、そう思ったらがんばることを休
んでもいいと思います。その思いのまま
続けると、ほとんどの人は結果が出る前
にやめてしまうでしょう。

ストレッチは自分と向き合う"きっか
け"です。例えば1日支えてくれたふく
らはぎに「よくがんばったね」、仕事や家
事で酷使した腕に「お疲れさま」と声をか
けながらストレッチしてください。歯
磨きをするときにふくらはぎをストレッ

チする、寝る前にふとんの上で体をひね
るストレッチをする、というくらいのス
タートでもかまいません。それが習慣化
したなら、激やせストレッチの半分は習
得したようなものです。

私自身、20代は度重なるケガ、声の病気
などで心が弱くなっていました。『体を動
かすことと、健康の大切さを人に伝えよ
う』と一念発起した直後も、応援よりも否
定的な意見が多かったです。それでも、
「自分は自分」といい聞かせ、周囲の声に

惑わされなかったことで、今では幸せな
毎日を送っています。「自分が決めたこと
を諦めない」のではなく、「自分と向き合
うことを諦めない」という気持ちが正解
なような気がします。

この本がみなさんの人生をハッピーに
するきっかけになれば、うれしいです。
あなたが自分自身を愛せることを、心か
ら願っています。

中川裕喜

激やせ "夢シート"

本書はみなさんが理想の自分を目指すための
きっかけにすぎません。毎日の小さな変化
に気づき、その変化に喜びを感じられるよう
に、記録をつけて自己管理しましょう！

チャレンジ前に目標を立てる！

✓ 体のどこに
悩んでいる？

✓ どんな体になりたい？

✓ 理想の体になって
やりたいことは？

✓ どんなストレッチを
行う？

✓ どれくらいの度合いや
ペースで行う？

✓ 結果が出たときの
ご褒美は何にする？

激やせストレッチ1週間ダイエットチャレンジ
左のQRコードから、Twitterで1週間ダイエットチャレンジに参加しよう。
ストレッチで激やせした仲間もたくさんいるので、一緒にがんばれます！

2weeks Challenge 記録

2週間続けられたらストレッチが習慣に！　※コピーして使用してください。

DAY	ストレッチの内容 種目と回数と時間	やってみた感想	満足度 1〜5段階評価
1日目			
2日目			
3日目			
4日目			
5日目			
6日目			
7日目			
8日目			
9日目			
10日目			
11日目			
12日目			
13日目			
14日目			

ストレッチの内容は本書のページ数を書き込むとよいでしょう。感想は自分を褒める言葉を選ぶと継続につながります。満足度は「❶手応えなし」「❷効いたような気がする」「❸かなり効いた」「❹体重や見た目に変化があった」「❺どんどん楽しくなる」など、自分なりの基準でOKです。

中川裕喜（なかがわ・ゆうき）

1986年、奈良県生まれ。Body Science代表。プロアマ問わず、ダンスやバレエのスキルアップトレーニング、ケガの改善エクササイズなどの指導を得意とする。2012年、日本人史上初めてドイツの日本大使館でゲストダンサー出演を果たす。20歳で患った失声症と、持病のケガを治すためにストレッチやヨガ、西洋医学などを学び、10年をかけて克服。心と体の健康の大切さを伝えるために始めた動画、YouTube「バレエストレッチチャンネル」は登録者数50万人を超え、現在も配信を続けている。

STAFF

編集協力	若狭和明、市道詩帆 （以上スタジオボルト）
デザイン	舟久保さやか、田山円佳 （以上スタジオダンク）
撮影	三輪友紀（スタジオダンク）
イラスト	山本あゆみ 福田玲子
校正	東 貞夫
編集	河村伸治

1分でみるみる細くなる！
激やせストレッチ

2021年1月21日　初版発行
2021年7月30日　6版発行

著者　　　中川 裕喜

発行者　　青柳 昌行

発行　　　株式会社KADOKAWA
　　　　　〒102-8177　東京都千代田区富士見2-13-3
　　　　　電話 0570-002-301（ナビダイヤル）

印刷所　　大日本印刷株式会社

●お問い合わせ
https://www.kadokawa.co.jp/（「お問い合わせ」へお進みください）
※内容によっては、お答えできない場合があります。
※サポートは日本国内のみとさせていただきます。
※ Japanese text only

定価はカバーに表示してあります。

© Yuki Nakagawa 2021 Printed in Japan
ISBN 978-4-04-604998-8　C0077